This logbook Belongs To:

_____

_____

_____

Reading list

N°:	Title	Author	Genre	Rating
				☆☆☆☆☆
				☆☆☆☆☆
				☆☆☆☆☆
				☆☆☆☆☆
				☆☆☆☆☆
				☆☆☆☆☆
				☆☆☆☆☆
				☆☆☆☆☆
				☆☆☆☆☆
				☆☆☆☆☆
				☆☆☆☆☆
				☆☆☆☆☆
				☆☆☆☆☆
				☆☆☆☆☆
				☆☆☆☆☆
				☆☆☆☆☆
				☆☆☆☆☆
				☆☆☆☆☆
				☆☆☆☆☆
				☆☆☆☆☆
				☆☆☆☆☆
				☆☆☆☆☆
				☆☆☆☆☆
				☆☆☆☆☆

Reading list

N°:	Title	Author	Genre	Rating
				☆☆☆☆☆
				☆☆☆☆☆
				☆☆☆☆☆
				☆☆☆☆☆
				☆☆☆☆☆
				☆☆☆☆☆
				☆☆☆☆☆
				☆☆☆☆☆
				☆☆☆☆☆
				☆☆☆☆☆
				☆☆☆☆☆
				☆☆☆☆☆
				☆☆☆☆☆
				☆☆☆☆☆
				☆☆☆☆☆
				☆☆☆☆☆
				☆☆☆☆☆
				☆☆☆☆☆
				☆☆☆☆☆
				☆☆☆☆☆
				☆☆☆☆☆
				☆☆☆☆☆
				☆☆☆☆☆
				☆☆☆☆☆
				☆☆☆☆☆

Reading list

N°:	Title	Author	Genre	Rating
				☆☆☆☆☆
				☆☆☆☆☆
				☆☆☆☆☆
				☆☆☆☆☆
				☆☆☆☆☆
				☆☆☆☆☆
				☆☆☆☆☆
				☆☆☆☆☆
				☆☆☆☆☆
				☆☆☆☆☆
				☆☆☆☆☆
				☆☆☆☆☆
				☆☆☆☆☆
				☆☆☆☆☆
				☆☆☆☆☆
				☆☆☆☆☆
				☆☆☆☆☆
				☆☆☆☆☆
				☆☆☆☆☆
				☆☆☆☆☆
				☆☆☆☆☆
				☆☆☆☆☆
				☆☆☆☆☆
				☆☆☆☆☆

Book Title :

*Author:*_____

*Genre :*_____

*Publisher :*_____

Publication date: _____

☐ *Paperback*   ☐ *Hardback*   ☐ *E-book*   ☐ *Audiobook*

*Date started :*_____

Date finished : _____

Rating :

⭐ ⭐ ⭐ ⭐ ⭐

My Review :

....
....
....
....
....
....
....
....
....

Recommendation : Who? Why?

....
....
....
....
....
....

What i learned from this book :

....
....
....
....
....
....

Favorites Quotes :

....
....
....
....
....

Book Title :

*Author:*_____

*Genre :*_____   *Date started :*_____

*Publisher :*_____   *Date finished :*_____

*Publication date:*_____

☐ **Paperback**   ☐ **Hardback**   ☐ **E-book**   ☐ **Audiobook**

Rating :

★ ★ ★ ★ ★

My Review :

....
....
....
....
....
....
....
....
....

What i learned from this book :

....
....
....
....
....
....

Recommendation : Who? Why?

....
....
....
....
....
....

Favorites Quotes :

....
....
....
....
....

Book Title :

Author:_____

Genre :_____

Publisher :_____

Publication date: _____

Date started :_____

Date finished : _____

☐ *Paperback*   ☐ *Hardback*   ☐ *E-book*   ☐ *Audiobook*

Rating :

⭐ ⭐ ⭐ ⭐ ⭐

My Review :

....
....
....
....
....
....
....
....
....

What i learned from this book :

....
....
....
....
....
....

Recommendation : Who? Why?

....
....
....
....
....
....

Favorites Quotes :

....
....
....
....
....

Book Title :

*Author:*_____

*Genre :*_____   Date started :_____

*Publisher :*_____   Date finished : _____

Publication date: _____

☐ *Paperback*   ☐ *Hardback*   ☐ *E-book*   ☐ *Audiobook*

Rating :

⭐ ⭐ ⭐ ⭐ ⭐

My Review :

....
....
....
....
....
....
....
....
....

What i learned from this book :

....
....
....
....
....
....

Recommendation : Who? Why?

....
....
....
....
....
....

Favorites Quotes :

....
....
....
....
....

Book Title :

*Author:*_____

*Genre :*_____

*Publisher :*_____

Publication date: _____

☐ *Paperback*   ☐ *Hardback*   ☐ *E-book*   ☐ *Audiobook*

*Date started :*_____

Date finished : _____

Rating :

⭐ ⭐ ⭐ ⭐ ⭐

My Review :

....
....
....
....
....
....
....
....
....

What i learned from this book :

....
....
....
....
....
....

Recommendation : Who? Why?

....
....
....
....
....
....

Favorites Quotes :

....
....
....
....
....

Book Title :

*Author:*_____

*Genre :*_____

*Publisher :*_____

Publication date: _____

☐ *Paperback*   ☐ *Hardback*   ☐ *E-book*   ☐ *Audiobook*

*Date started :*_____

Date finished : _____

Rating :

☆ ☆ ☆ ☆ ☆

My Review :

....
....
....
....
....
....
....
....
....

What i learned from this book :

....
....
....
....
....
....

Recommendation : Who? Why?

....
....
....
....
....
....

Favorites Quotes :

....
....
....
....
....

Book Title :

*Author:*_____

*Genre :*_____

*Publisher :*_____

Publication date: _____

☐ *Paperback*   ☐ *Hardback*   ☐ *E-book*   ☐ *Audiobook*

*Date started :*_____

Date finished : _____

Rating :

⭐ ⭐ ⭐ ⭐ ⭐

My Review :

....
....
....
....
....
....
....
....
....

What i learned from this book :

....
....
....
....
....
....

Recommendation : Who? Why?

....
....
....
....
....
....

Favorites Quotes :

....
....
....
....
....

Book Title :

*Author:*_____

*Genre :*_____

*Publisher :*_____

Publication date: _____

☐ *Paperback*   ☐ *Hardback*   ☐ *E-book*   ☐ *Audiobook*

*Date started :*_____

Date finished : _____

Rating :

⭐ ⭐ ⭐ ⭐ ⭐

My Review :

....
....
....
....
....
....
....
....
....

What i learned from this book :

....
....
....
....
....
....

Recommendation : Who? Why?

....
....
....
....
....
....

Favorites Quotes :

....
....
....
....
....
....

Book Title :

*Author:*_____

*Genre :*_____

*Publisher :*_____

Publication date: _____

☐ *Paperback* ☐ *Hardback* ☐ *E-book* ☐ *Audiobook*

*Date started :*_____

Date finished : _____

Rating :
★ ★ ★ ★ ★

My Review :
....
....
....
....
....
....
....
....
....

What i learned from this book :
....
....
....
....
....
....

Recommendation : Who? Why?
....
....
....
....
....
....

Favorites Quotes :
....
....
....
....
....

Book Title :

*Author:*_____

*Genre :*_____

*Publisher :*_____

*Publication date:*_____

☐ Paperback   ☐ Hardback   ☐ E-book   ☐ Audiobook

*Date started :*_____

*Date finished :*_____

Rating :

⭐ ⭐ ⭐ ⭐ ⭐

My Review :

....
....
....
....
....
....
....
....
....

What i learned from this book :

....
....
....
....
....
....
....

Recommendation : Who? Why?

....
....
....
....
....
....

Favorites Quotes :

....
....
....
....
....

Book Title :

Author:_____

Genre :_____

Publisher :_____

Publication date: _____

☐ Paperback   ☐ Hardback   ☐ E-book   ☐ Audiobook

Date started :_____

Date finished : _____

Rating :

⭐ ⭐ ⭐ ⭐ ⭐

My Review :

....
....
....
....
....
....
....
....
....

What i learned from this book :

....
....
....
....
....
....

Recommendation : Who? Why?

....
....
....
....
....
....

Favorites Quotes :

....
....
....
....
....

Book Title :

*Author:*_____

*Genre :*_____

*Publisher :*_____

Publication date: _____

☐ *Paperback*   ☐ *Hardback*   ☐ *E-book*   ☐ *Audiobook*

*Date started :*_____

Date finished : _____

Rating :

☆ ☆ ☆ ☆ ☆

My Review :

....
....
....
....
....
....
....
....
....
....

What i learned from this book :

....
....
....
....
....
....

Recommendation : Who? Why?

....
....
....
....
....
....

Favorites Quotes :

....
....
....
....
....

Book Title :

Author:_____

Genre :_____

Publisher :_____

Publication date: _____

☐ Paperback   ☐ Hardback   ☐ E-book   ☐ Audiobook

Date started :_____

Date finished : _____

Rating :
★ ★ ★ ★ ★

My Review :
....
....
....
....
....
....
....
....
....

What i learned from this book :
....
....
....
....
....
....

Recommendation : Who? Why?
....
....
....
....
....
....

Favorites Quotes :
....
....
....
....
....

Book Title :

*Author:*_____

*Genre :*_____

*Publisher :*_____

Publication date: _____

☐ *Paperback*   ☐ *Hardback*   ☐ *E-book*   ☐ *Audiobook*

*Date started :*_____

Date finished : _____

Rating :
☆ ☆ ☆ ☆ ☆

My Review :

....
....
....
....
....
....
....
....
....

What i learned from this book :

....
....
....
....
....
....

Recommendation : Who? Why?

....
....
....
....
....
....

Favorites Quotes :

....
....
....
....
....
....

Book Title :

Author:_____

Genre :_____

Publisher :_____

Publication date: _____

☐ Paperback ☐ Hardback ☐ E-book ☐ Audiobook

Date started :_____

Date finished : _____

Rating :
★ ★ ★ ★ ★

My Review :

....
....
....
....
....
....
....
....
....

What i learned from this book :

....
....
....
....
....
....

Recommendation : Who? Why?

....
....
....
....
....
....

Favorites Quotes :

....
....
....
....
....

Book Title :

*Author:*_____

*Genre :*_____

*Publisher :*_____

Publication date: _____

☐ *Paperback*   ☐ *Hardback*   ☐ *E-book*   ☐ *Audiobook*

*Date started :*_____

Date finished : _____

Rating :

⭐ ⭐ ⭐ ⭐ ⭐

My Review :

....
....
....
....
....
....
....
....
....

What i learned from this book :

....
....
....
....
....
....

Recommendation : Who? Why?

....
....
....
....
....
....

Favorites Quotes :

....
....
....
....
....
....

Book Title :

*Author:*_____

*Genre :*_____

*Publisher :*_____

Publication date: _____

☐ *Paperback*   ☐ *Hardback*   ☐ *E-book*   ☐ *Audiobook*

*Date started :*_____

Date finished : _____

Rating :

⭐ ⭐ ⭐ ⭐ ⭐

My Review :

....
....
....
....
....
....
....
....
....

What i learned from this book :

....
....
....
....
....
....

Recommendation : Who? Why?

....
....
....
....
....
....

Favorites Quotes :

....
....
....
....
....

Book Title :

Author:_____

Genre :_____

Publisher :_____

Publication date: _____

Date started :_____

Date finished : _____

☐ Paperback ☐ Hardback ☐ E-book ☐ Audiobook

Rating :

⭐ ⭐ ⭐ ⭐ ⭐

My Review :

....
....
....
....
....
....
....
....
....

What i learned from this book :

....
....
....
....
....
....

Recommendation : Who? Why?

....
....
....
....
....
....

Favorites Quotes :

....
....
....
....
....

Book Title :

Author:_____

Genre :_____

Publisher :_____

Publication date: _____

☐ Paperback ☐ Hardback ☐ E-book ☐ Audiobook

Date started :_____

Date finished : _____

Rating :
☆ ☆ ☆ ☆ ☆

My Review :
....
....
....
....
....
....
....
....
....

What i learned from this book :
....
....
....
....
....
....

Recommendation : Who? Why?
....
....
....
....
....
....

Favorites Quotes :
....
....
....
....
....

Book Title :

*Author:*_____

*Genre :*_____

*Publisher :*_____

Publication date: _____

☐ *Paperback*   ☐ *Hardback*   ☐ *E-book*   ☐ *Audiobook*

*Date started :*_____

Date finished : _____

Rating :

☆ ☆ ☆ ☆ ☆

My Review :

....
....
....
....
....
....
....
....
....

What i learned from this book :

....
....
....
....
....
....

Recommendation : Who? Why?

....
....
....
....
....
....

Favorites Quotes :

....
....
....
....
....

Book Title :

*Author:*_____

*Genre :*_____

*Publisher :*_____

Publication date: _____

☐ *Paperback*   ☐ *Hardback*   ☐ *E-book*   ☐ *Audiobook*

*Date started :*_____

Date finished : _____

Rating :

★ ★ ★ ★ ★

My Review :

....
....
....
....
....
....
....
....
....

What i learned from this book :

....
....
....
....
....

Recommendation : Who? Why?

....
....
....
....
....
....

Favorites Quotes :

....
....
....
....
....

Book Title :

*Author:*_____

*Genre :*_____

*Publisher :*_____

Publication date: _____

☐ *Paperback*   ☐ *Hardback*   ☐ *E-book*   ☐ *Audiobook*

*Date started :*_____

Date finished : _____

Rating :

☆ ☆ ☆ ☆ ☆

My Review :

....
....
....
....
....
....
....
....
....

What i learned from this book :

....
....
....
....
....
....

Recommendation : Who? Why?

....
....
....
....
....
....

Favorites Quotes :

....
....
....
....
....

Book Title :

*Author:*_____

*Genre :*_____   *Date started :*_____

*Publisher :*_____   *Date finished :* _____

Publication date: _____

☐ *Paperback*   ☐ *Hardback*   ☐ *E-book*   ☐ *Audiobook*

Rating :

☆ ☆ ☆ ☆ ☆

My Review :

....
....
....
....
....
....
....
....
....

What i learned from this book :

....
....
....
....
....
....

Recommendation : Who? Why?

....
....
....
....
....
....

Favorites Quotes :

....
....
....
....
....

Book Title :

*Author:*_____

*Genre :*_____

*Publisher :*_____

Publication date: _____

☐ *Paperback* ☐ *Hardback* ☐ *E-book* ☐ *Audiobook*

*Date started :*_____

Date finished : _____

Rating :
☆ ☆ ☆ ☆ ☆

My Review :
....
....
....
....
....
....
....
....
....
....

What i learned from this book :
....
....
....
....
....
....

Recommendation : Who? Why?
....
....
....
....
....
....

Favorites Quotes :
....
....
....
....
....

Book Title :

*Author:*_____

*Genre :*_____

*Publisher :*_____

Publication date: _____

☐ *Paperback*   ☐ *Hardback*   ☐ *E-book*   ☐ *Audiobook*

*Date started :*_____

Date finished : _____

Rating :
★ ★ ★ ★ ★

My Review :

....
....
....
....
....
....
....
....
....

What i learned from this book :

....
....
....
....
....
....

Recommendation : Who? Why?

....
....
....
....
....
....

Favorites Quotes :

....
....
....
....
....

Book Title :

*Author:*_____

*Genre :*_____   *Date started :*_____

*Publisher :*_____   *Date finished :*_____

Publication date: _____

☐ *Paperback*   ☐ *Hardback*   ☐ *E-book*   ☐ *Audiobook*

Rating :
☆ ☆ ☆ ☆ ☆

My Review :

....
....
....
....
....
....
....
....
....

What i learned from this book :

....
....
....
....
....
....

Recommendation : Who? Why?

....
....
....
....
....
....

Favorites Quotes :

....
....
....
....
....

Book Title :

*Author:*_____

*Genre :*_____   *Date started :*_____

*Publisher :*_____   *Date finished :*_____

*Publication date:*_____

☐ *Paperback*   ☐ *Hardback*   ☐ *E-book*   ☐ *Audiobook*

Rating :
★ ★ ★ ★ ★

My Review :
....
....
....
....
....
....
....
....
....

What i learned from this book :
....
....
....
....
....
....

Recommendation : Who? Why?
....
....
....
....
....
....

Favorites Quotes :
....
....
....
....
....
....

Book Title :

Author:_____

Genre :_____   Date started :_____

Publisher :_____   Date finished : _____

Publication date: _____

☐ Paperback   ☐ Hardback   ☐ E-book   ☐ Audiobook

Rating :

☆ ☆ ☆ ☆ ☆

My Review :

....
....
....
....
....
....
....
....
....

What i learned from this book :

....
....
....
....
....
....

Recommendation : Who? Why?

....
....
....
....
....
....

Favorites Quotes :

....
....
....
....
....
....

Book Title :

Author:_____

Genre :_____

Publisher :_____

Publication date: _____

Date started :_____

Date finished : _____

☐ Paperback   ☐ Hardback   ☐ E-book   ☐ Audiobook

Rating :

⭐ ⭐ ⭐ ⭐ ⭐

My Review :

....
....
....
....
....
....
....
....
....

What i learned from this book :

....
....
....
....
....
....

Recommendation : Who? Why?

....
....
....
....
....
....

Favorites Quotes :

....
....
....
....
....

Book Title :

*Author:*_____

*Genre :*_____   *Date started :*_____

*Publisher :*_____   *Date finished :* _____

Publication date: _____

☐ *Paperback*   ☐ *Hardback*   ☐ *E-book*   ☐ *Audiobook*

Rating :

☆ ☆ ☆ ☆ ☆

My Review :

....
....
....
....
....
....
....
....
....

What i learned from this book :

....
....
....
....
....
....

Recommendation : Who? Why?

....
....
....
....
....
....

Favorites Quotes :

....
....
....
....
....

Book Title :

Author:_____

Genre :_____

Publisher :_____

Publication date: _____

☐ Paperback   ☐ Hardback   ☐ E-book   ☐ Audiobook

Date started :_____

Date finished : _____

Rating :

☆ ☆ ☆ ☆ ☆

My Review :

....
....
....
....
....
....
....
....
....

What i learned from this book :

....
....
....
....
....
....

Recommendation : Who? Why?

....
....
....
....
....
....

Favorites Quotes :

....
....
....
....
....

Book Title :

*Author:*_____

*Genre :*_____   *Date started :*_____

*Publisher :*_____   *Date finished :*_____

Publication date: _____

☐ *Paperback*   ☐ *Hardback*   ☐ *E-book*   ☐ *Audiobook*

Rating :

☆ ☆ ☆ ☆ ☆

My Review :

....
....
....
....
....
....
....
....
....

What i learned from this book :

....
....
....
....
....
....

Recommendation : Who? Why?

....
....
....
....
....
....

Favorites Quotes :

....
....
....
....
....

Book Title :

Author:_____

Genre :_____

Publisher :_____

Publication date: _____

Date started :_____

Date finished : _____

☐ Paperback   ☐ Hardback   ☐ E-book   ☐ Audiobook

Rating :

★ ★ ★ ★ ★

My Review :

....
....
....
....
....
....
....
....
....

What i learned from this book :

....
....
....
....
....
....

Recommendation : Who? Why?

....
....
....
....
....
....

Favorites Quotes :

....
....
....
....
....

Book Title :

*Author:*_____

*Genre :*_____

*Publisher :*_____

Publication date: _____

☐ *Paperback*   ☐ *Hardback*   ☐ *E-book*   ☐ *Audiobook*

*Date started :*_____

Date finished : _____

Rating :

⭐ ⭐ ⭐ ⭐ ⭐

My Review :

....
....
....
....
....
....
....
....
....

What i learned from this book :

....
....
....
....
....
....

Recommendation : Who? Why?

....
....
....
....
....
....

Favorites Quotes :

....
....
....
....
....

Book Title :

Author:_____

Genre :_____　　　Date started :_____

Publisher :_____　　　Date finished :_____

Publication date: _____

☐ Paperback　　☐ Hardback　　☐ E-book　　☐ Audiobook

Rating :

⭐ ⭐ ⭐ ⭐ ⭐

My Review :

....
....
....
....
....
....
....
....
....

What i learned from this book :

....
....
....
....
....
....

Recommendation : Who? Why?

....
....
....
....
....
....

Favorites Quotes :

....
....
....
....
....

Book Title :

*Author:*_____

*Genre :*_____

*Publisher :*_____

Publication date: _____

☐ *Paperback*   ☐ *Hardback*   ☐ *E-book*   ☐ *Audiobook*

*Date started :*_____

Date finished : _____

Rating :

☆ ☆ ☆ ☆ ☆

My Review :

....

....

....

....

....

....

....

....

....

What i learned from this book :

....

....

....

....

....

....

Recommendation : Who? Why?

....

....

....

....

....

....

Favorites Quotes :

....

....

....

....

....

Book Title :

*Author:*_____

*Genre :*_____

*Publisher :*_____

Publication date: _____

☐ *Paperback*   ☐ *Hardback*   ☐ *E-book*   ☐ *Audiobook*

Date started : _____

Date finished : _____

Rating :

⭐ ⭐ ⭐ ⭐ ⭐

My Review :

....
....
....
....
....
....
....
....
....

What i learned from this book :

....
....
....
....
....
....

Recommendation : Who? Why?

....
....
....
....
....
....

Favorites Quotes :

....
....
....
....
....

Book Title :

*Author:*_____

*Genre :*_____

*Publisher :*_____

*Publication date:*_____

☐ *Paperback*   ☐ *Hardback*   ☐ *E-book*   ☐ *Audiobook*

*Date started :*_____

*Date finished :*_____

Rating :

★ ★ ★ ★ ★

My Review :

....
....
....
....
....
....
....
....
....

What i learned from this book :

....
....
....
....
....
....

Recommendation : Who? Why?

....
....
....
....
....
....

Favorites Quotes :

....
....
....
....
....

Book Title :

Author:_____

Genre :_____

Publisher :_____

Publication date: _____

☐ Paperback   ☐ Hardback   ☐ E-book   ☐ Audiobook

Date started :_____

Date finished : _____

Rating :
⭐ ⭐ ⭐ ⭐ ⭐

My Review :

....
....
....
....
....
....
....
....
....

What i learned from this book :

....
....
....
....
....
....

Recommendation : Who? Why?

....
....
....
....
....
....

Favorites Quotes :

....
....
....
....
....

Book Title :

*Author:*_____

*Genre :*_____   *Date started :*_____

*Publisher :*_____   *Date finished :*_____

Publication date: _____

☐ *Paperback*   ☐ *Hardback*   ☐ *E-book*   ☐ *Audiobook*

Rating :
⭐ ⭐ ⭐ ⭐ ⭐

My Review :

....
....
....
....
....
....
....
....
....

What i learned from this book :

....
....
....
....
....
....

Recommendation : Who? Why?

....
....
....
....
....
....

Favorites Quotes :

....
....
....
....
....

Book Title :

*Author:*_____

*Genre :*_____

*Publisher :*_____

Publication date: _____

*Date started :*_____

Date finished : _____

☐ *Paperback*   ☐ *Hardback*   ☐ *E-book*   ☐ *Audiobook*

Rating :
⭐ ⭐ ⭐ ⭐ ⭐

My Review :

....
....
....
....
....
....
....
....
....

What i learned from this book :

....
....
....
....
....
....

Recommendation : Who? Why?

....
....
....
....
....
....

Favorites Quotes :

....
....
....
....
....

Book Title :

Author:_____

Genre :_____

Publisher :_____

Publication date: _____

☐ Paperback   ☐ Hardback   ☐ E-book   ☐ Audiobook

Date started :_____

Date finished : _____

Rating :

☆ ☆ ☆ ☆ ☆

My Review :

....
....
....
....
....
....
....
....
....

What i learned from this book :

....
....
....
....
....
....

Recommendation : Who? Why?

....
....
....
....
....
....

Favorites Quotes :

....
....
....
....
....

Book Title :

Author:_____

Genre :_____

Publisher :_____

Publication date: _____

☐ Paperback   ☐ Hardback   ☐ E-book   ☐ Audiobook

Date started :_____

Date finished : _____

Rating :

★ ★ ★ ★ ★

My Review :

....
....
....
....
....
....
....
....
....

What i learned from this book :

....
....
....
....
....
....

Recommendation : Who? Why?

....
....
....
....
....
....

Favorites Quotes :

....
....
....
....
....

Book Title :

*Author:*_____

*Genre :*_____   *Date started :*_____

*Publisher :*_____   *Date finished : *_____

Publication date: _____

☐ *Paperback*   ☐ *Hardback*   ☐ *E-book*   ☐ *Audiobook*

Rating :
☆ ☆ ☆ ☆ ☆

My Review :
....
....
....
....
....
....
....
....
....

What i learned from this book :
....
....
....
....
....
....

Recommendation : Who? Why?
....
....
....
....
....
....

Favorites Quotes :
....
....
....
....
....

Book Title :

*Author:*_____

*Genre :*_____

*Publisher :*_____

Publication date: _____

☐ *Paperback*   ☐ *Hardback*   ☐ *E-book*   ☐ *Audiobook*

*Date started :*_____

Date finished : _____

Rating :

★ ★ ★ ★ ★

My Review :

....

....

....

....

....

....

....

....

....

What i learned from this book :

....

....

....

....

....

....

Recommendation : Who? Why?

....

....

....

....

....

....

Favorites Quotes :

....

....

....

....

....

Book Title :

*Author:*_____

*Genre :*_____

*Publisher :*_____

*Publication date:*_____

☐ *Paperback*   ☐ *Hardback*   ☐ *E-book*   ☐ *Audiobook*

*Date started :*_____

*Date finished :*_____

Rating :

⭐ ⭐ ⭐ ⭐ ⭐

My Review :

....
....
....
....
....
....
....
....
....

What i learned from this book :

....
....
....
....
....
....

Recommendation : Who? Why?

....
....
....
....
....
....

Favorites Quotes :

....
....
....
....
....

Book Title :

Author:_____

Genre :_____

Publisher :_____

Publication date: _____

Date started :_____

Date finished : _____

☐ Paperback   ☐ Hardback   ☐ E-book   ☐ Audiobook

Rating :

★ ★ ★ ★ ★

My Review :

....

....

....

....

....

....

....

....

....

What i learned from this book :

....

....

....

....

....

....

Recommendation : Who? Why?

....

....

....

....

....

....

Favorites Quotes :

....

....

....

....

....

Book Title :

*Author:*_____

*Genre :*_____

*Publisher :*_____

Publication date: _____

☐ *Paperback*　　☐ *Hardback*　　☐ *E-book*　　☐ *Audiobook*

*Date started :*_____

Date finished : _____

Rating :

☆ ☆ ☆ ☆ ☆

My Review :

....

....

....

....

....

....

....

....

....

What i learned from this book :

....

....

....

....

....

....

Recommendation : Who? Why?

....

....

....

....

....

....

Favorites Quotes :

....

....

....

....

....

Book Title :

*Author:*_____

*Genre :*_____

*Publisher :*_____

Publication date: _____

☐ *Paperback*   ☐ *Hardback*   ☐ *E-book*   ☐ *Audiobook*

*Date started :*_____

Date finished : _____

Rating :

⭐ ⭐ ⭐ ⭐ ⭐

My Review :

....
....
....
....
....
....
....
....
....

What i learned from this book :

....
....
....
....
....
....

Recommendation : Who? Why?

....
....
....
....
....
....

Favorites Quotes :

....
....
....
....
....

Book Title :

Author:_____

Genre :_____   Date started :_____

Publisher :_____   Date finished : _____

Publication date: _____

☐ Paperback   ☐ Hardback   ☐ E-book   ☐ Audiobook

Rating :

★ ★ ★ ★ ★

My Review :

....
....
....
....
....
....
....
....
....

What i learned from this book :

....
....
....
....
....
....

Recommendation : Who? Why?

....
....
....
....
....
....

Favorites Quotes :

....
....
....
....
....

Book Title :

*Author:*_____

*Genre :*_____

*Publisher :*_____

*Publication date:*_____

☐ *Paperback*   ☐ *Hardback*   ☐ *E-book*   ☐ *Audiobook*

*Date started :*_____

Date finished : _____

Rating :

⭐ ⭐ ⭐ ⭐ ⭐

My Review :

....
....
....
....
....
....
....
....
....

Recommendation : Who? Why?

....
....
....
....
....
....

What i learned from this book :

....
....
....
....
....
....
....

Favorites Quotes :

....
....
....
....
....
....

Book Title :

*Author:*_____

*Genre :*_____

*Publisher :*_____

Publication date: _____

☐ *Paperback*   ☐ *Hardback*   ☐ *E-book*   ☐ *Audiobook*

*Date started :*_____

Date finished : _____

Rating :

☆ ☆ ☆ ☆ ☆

My Review :

....
....
....
....
....
....
....
....
....

What i learned from this book :

....
....
....
....
....
....

Recommendation : Who? Why?

....
....
....
....
....
....

Favorites Quotes :

....
....
....
....
....

Book Title :

*Author:*_____

*Genre :*_____   *Date started :*_____

*Publisher :*_____   *Date finished :* _____

Publication date: _____

☐ *Paperback*   ☐ *Hardback*   ☐ *E-book*   ☐ *Audiobook*

Rating :

⭐ ⭐ ⭐ ⭐ ⭐

My Review :

....
....
....
....
....
....
....
....
....

What i learned from this book :

....
....
....
....
....
....

Recommendation : Who? Why?

....
....
....
....
....
....

Favorites Quotes :

....
....
....
....
....

Book Title :

Author:_____

Genre :_____

Publisher :_____

Publication date: _____

Date started :_____

Date finished : _____

☐ Paperback   ☐ Hardback   ☐ E-book   ☐ Audiobook

Rating :

⭐ ⭐ ⭐ ⭐ ⭐

My Review :

....
....
....
....
....
....
....
....
....

What i learned from this book :

....
....
....
....
....
....

Recommendation : Who? Why?

....
....
....
....
....
....

Favorites Quotes :

....
....
....
....
....

Book Title :

Author:_____

Genre :_____

Publisher :_____

Publication date: _____

☐ Paperback   ☐ Hardback   ☐ E-book   ☐ Audiobook

Date started : _____

Date finished : _____

Rating :

⭐ ⭐ ⭐ ⭐ ⭐

My Review :

....
....
....
....
....
....
....
....
....

What i learned from this book :

....
....
....
....
....
....

Recommendation : Who? Why?

....
....
....
....
....
....

Favorites Quotes :

....
....
....
....
....

Book Title :

*Author:*_____

*Genre :*_____　　*Date started :*_____

*Publisher :*_____　　*Date finished :* _____

Publication date: _____

☐ *Paperback*　　☐ *Hardback*　　☐ *E-book*　　☐ *Audiobook*

Rating :
★ ★ ★ ★ ★

My Review :
....
....
....
....
....
....
....
....
....

What i learned from this book :
....
....
....
....
....
....

Recommendation : Who? Why?
....
....
....
....
....
....

Favorites Quotes :
....
....
....
....
....

Book Title :

*Author:*_____

*Genre :*_____   *Date started :*_____

*Publisher :*_____   *Date finished :*_____

*Publication date:*_____

☐ *Paperback*   ☐ *Hardback*   ☐ *E-book*   ☐ *Audiobook*

Rating :

⭐ ⭐ ⭐ ⭐ ⭐

My Review :

....
....
....
....
....
....
....
....
....

What i learned from this book :

....
....
....
....
....
....

Recommendation : Who? Why?

....
....
....
....
....
....

Favorites Quotes :

....
....
....
....
....

Book Title :

Author:_____

*Genre :*_____

*Publisher :*_____

*Publication date:*_____

☐ *Paperback*   ☐ *Hardback*   ☐ *E-book*   ☐ *Audiobook*

*Date started :*_____

*Date finished :*_____

Rating :

⭐ ⭐ ⭐ ⭐ ⭐

My Review :

....
....
....
....
....
....
....
....
....

What i learned from this book :

....
....
....
....
....
....

Recommendation : Who? Why?

....
....
....
....
....
....

Favorites Quotes :

....
....
....
....
....

Book Title :

*Author:*_____

*Genre :*_____   *Date started :*_____

*Publisher :*_____   *Date finished :*_____

*Publication date:*_____

☐ *Paperback*   ☐ *Hardback*   ☐ *E-book*   ☐ *Audiobook*

Rating :
★ ★ ★ ★ ★

My Review :
....
....
....
....
....
....
....
....
....

What i learned from this book :
....
....
....
....
....
....

Recommendation : Who? Why?
....
....
....
....
....
....

Favorites Quotes :
....
....
....
....
....

Book Title :

*Author:*_____

*Genre :*_____   *Date started :*_____

*Publisher :*_____   *Date finished :* _____

Publication date: _____

☐ *Paperback*   ☐ *Hardback*   ☐ *E-book*   ☐ *Audiobook*

Rating :

☆ ☆ ☆ ☆ ☆

My Review :

....
....
....
....
....
....
....
....
....

What i learned from this book :

....
....
....
....
....

Recommendation : Who? Why?

....
....
....
....
....
....

Favorites Quotes :

....
....
....
....
....

Book Title :

*Author:*_____

*Genre :*_____

*Publisher :*_____

*Publication date:*_____

☐ *Paperback*   ☐ *Hardback*   ☐ *E-book*   ☐ *Audiobook*

*Date started :*_____

*Date finished :*_____

Rating :
⭐ ⭐ ⭐ ⭐ ⭐

My Review :

....
....
....
....
....
....
....
....
....

What i learned from this book :

....
....
....
....
....

Recommendation : Who? Why?

....
....
....
....
....
....

Favorites Quotes :

....
....
....
....
....

Book Title :

*Author:*_____

*Genre :*_____

*Publisher :*_____

*Publication date:*_____

☐ *Paperback*   ☐ *Hardback*   ☐ *E-book*   ☐ *Audiobook*

*Date started :*_____

*Date finished :*_____

Rating :

⭐ ⭐ ⭐ ⭐ ⭐

My Review :

....
....
....
....
....
....
....
....
....

What i learned from this book :

....
....
....
....
....
....

Recommendation : Who? Why?

....
....
....
....
....
....

Favorites Quotes :

....
....
....
....
....

Book Title :

*Author:*_____

*Genre :*_____   *Date started :*_____

*Publisher :*_____   *Date finished :*_____

*Publication date:*_____

☐ *Paperback*   ☐ *Hardback*   ☐ *E-book*   ☐ *Audiobook*

Rating :

★ ★ ★ ★ ★

My Review :

....
....
....
....
....
....
....
....
....

What i learned from this book :

....
....
....
....
....
....

Recommendation : Who? Why?

....
....
....
....
....
....

Favorites Quotes :

....
....
....
....
....

Book Title :

*Author:*_____

*Genre :*_____

*Publisher :*_____

Publication date: _____

☐ *Paperback* ☐ *Hardback* ☐ *E-book* ☐ *Audiobook*

*Date started :*_____

Date finished : _____

Rating :

☆ ☆ ☆ ☆ ☆

My Review :

....
....
....
....
....
....
....
....
....

What i learned from this book :

....
....
....
....
....
....

Recommendation : Who? Why?

....
....
....
....
....
....

Favorites Quotes :

....
....
....
....
....

Book Title :

*Author:*_____

*Genre :*_____   *Date started :*_____

*Publisher :*_____   *Date finished :*_____

*Publication date:*_____

☐ *Paperback*   ☐ *Hardback*   ☐ *E-book*   ☐ *Audiobook*

Rating :
⭐ ⭐ ⭐ ⭐ ⭐

My Review :

....

....

....

....

....

....

....

....

....

What i learned from this book :

....

....

....

....

....

Recommendation : Who? Why?

....

....

....

....

....

....

Favorites Quotes :

....

....

....

....

....

Book Title :

Author:_____

Genre :_____

Publisher :_____

Publication date: _____

☐ Paperback   ☐ Hardback   ☐ E-book   ☐ Audiobook

Date started :_____

Date finished : _____

Rating :

☆ ☆ ☆ ☆ ☆

My Review :

....
....
....
....
....
....
....
....
....

What i learned from this book :

....
....
....
....
....
....

Recommendation : Who? Why?

....
....
....
....
....
....

Favorites Quotes :

....
....
....
....
....

Book Title :

*Author:*_____

*Genre :*_____

*Publisher :*_____

*Publication date:*_____

☐ *Paperback*   ☐ *Hardback*   ☐ *E-book*   ☐ *Audiobook*

*Date started :*_____

*Date finished :*_____

Rating :

☆ ☆ ☆ ☆ ☆

My Review :

....
....
....
....
....
....
....
....
....

What i learned from this book :

....
....
....
....
....
....
....

Recommendation : Who? Why?

....
....
....
....
....
....

Favorites Quotes :

....
....
....
....
....

Book Title :

*Author:*_____

*Genre :*_____

*Publisher :*_____

Publication date: _____

☐ *Paperback*   ☐ *Hardback*   ☐ *E-book*   ☐ *Audiobook*

*Date started :*_____

Date finished : _____

Rating :

★ ★ ★ ★ ★

My Review :

....
....
....
....
....
....
....
....
....

What i learned from this book :

....
....
....
....
....
....

Recommendation : Who? Why?

....
....
....
....
....

Favorites Quotes :

....
....
....
....
....

Book Title :

Author: _____

Genre : _____

Publisher : _____

Publication date: _____

☐ *Paperback*   ☐ *Hardback*   ☐ *E-book*   ☐ *Audiobook*

Date started : _____

Date finished : _____

Rating :

⭐ ⭐ ⭐ ⭐ ⭐

My Review :

....

....

....

....

....

....

....

....

....

What i learned from this book :

....

....

....

....

....

....

Recommendation : Who? Why?

....

....

....

....

....

....

Favorites Quotes :

....

....

....

....

....

Book Title :

*Author:*_____

*Genre :*_____

*Publisher :*_____

Publication date: _____

☐ *Paperback*　　☐ *Hardback*　　☐ *E-book*　　☐ *Audiobook*

*Date started :*_____

Date finished : _____

Rating :

⭐ ⭐ ⭐ ⭐ ⭐

My Review :

....
....
....
....
....
....
....
....
....
....

What i learned from this book :

....
....
....
....
....
....
....

Recommendation : Who? Why?

....
....
....
....
....
....

Favorites Quotes :

....
....
....
....
....

Book Title :

Author:_____

Genre :_____

Publisher :_____

Publication date: _____

☐ Paperback   ☐ Hardback   ☐ E-book   ☐ Audiobook

Date started :_____

Date finished : _____

Rating :

⭐ ⭐ ⭐ ⭐ ⭐

My Review :

....
....
....
....
....
....
....
....
....

What i learned from this book :

....
....
....
....
....
....

Recommendation : Who? Why?

....
....
....
....
....
....

Favorites Quotes :

....
....
....
....
....

Book Title :

*Author:*_____

*Genre :*_____ *Date started :*_____

*Publisher :*_____ *Date finished :* _____

Publication date: _____

☐ *Paperback*   ☐ *Hardback*   ☐ *E-book*   ☐ *Audiobook*

Rating :
★ ★ ★ ★ ★

My Review :
....
....
....
....
....
....
....
....
....

What i learned from this book :
....
....
....
....
....
....

Recommendation : Who? Why?
....
....
....
....
....
....

Favorites Quotes :
....
....
....
....
....
....

Book Title :

*Author:*_____

*Genre :*_____

*Publisher :*_____

*Publication date:*_____

☐ *Paperback*   ☐ *Hardback*   ☐ *E-book*   ☐ *Audiobook*

*Date started :*_____

*Date finished :*_____

Rating :

⭐ ⭐ ⭐ ⭐ ⭐

My Review :

....
....
....
....
....
....
....
....
....

What i learned from this book :

....
....
....
....
....
....

Recommendation : Who? Why?

....
....
....
....
....
....

Favorites Quotes :

....
....
....
....
....

Book Title :

*Author:*_____

*Genre :*_____

*Publisher :*_____

*Publication date:*_____

☐ *Paperback*   ☐ *Hardback*   ☐ *E-book*   ☐ *Audiobook*

*Date started :*_____

*Date finished :*_____

Rating :

★ ★ ★ ★ ★

My Review :

....
....
....
....
....
....
....
....
....

What i learned from this book :

....
....
....
....
....
....

Recommendation : Who? Why?

....
....
....
....
....
....

Favorites Quotes :

....
....
....
....
....

Book Title :

Author:_____

Genre :_____

Publisher :_____

Publication date: _____

☐ Paperback   ☐ Hardback   ☐ E-book   ☐ Audiobook

Date started : _____

Date finished : _____

Rating :

⭐ ⭐ ⭐ ⭐ ⭐

My Review :

....
....
....
....
....
....
....
....
....

What i learned from this book :

....
....
....
....
....
....

Recommendation : Who? Why?

....
....
....
....
....
....

Favorites Quotes :

....
....
....
....
....

Book Title :

*Author:*_____

*Genre :*_____

*Publisher :*_____

Publication date: _____

☐ *Paperback*   ☐ *Hardback*   ☐ *E-book*   ☐ *Audiobook*

*Date started :*_____

Date finished : _____

Rating :

☆ ☆ ☆ ☆ ☆

My Review :

....
....
....
....
....
....
....
....
....
....

What i learned from this book :

....
....
....
....
....
....

Recommendation : Who? Why?

....
....
....
....
....
....

Favorites Quotes :

....
....
....
....
....

Book Title :

*Author:*_____

*Genre :*_____

*Publisher :*_____

Publication date: _____

☐ *Paperback*   ☐ *Hardback*   ☐ *E-book*   ☐ *Audiobook*

*Date started :*_____

Date finished : _____

Rating :

☆ ☆ ☆ ☆ ☆

My Review :

....
....
....
....
....
....
....
....
....

What i learned from this book :

....
....
....
....
....
....

Recommendation : Who? Why?

....
....
....
....
....
....

Favorites Quotes :

....
....
....
....
....

Book Title :

Author:_____

Genre :_____

Publisher :_____

Publication date: _____

Date started :_____

Date finished : _____

☐ Paperback   ☐ Hardback   ☐ E-book   ☐ Audiobook

Rating :
★ ★ ★ ★ ★

My Review :

....
....
....
....
....
....
....
....
....

What i learned from this book :

....
....
....
....
....
....

Recommendation : Who? Why?

....
....
....
....
....
....

Favorites Quotes :

....
....
....
....
....

Book Title :

*Author:*_____

*Genre :*_____

*Publisher :*_____

Publication date: _____

☐ *Paperback*   ☐ *Hardback*   ☐ *E-book*   ☐ *Audiobook*

*Date started :*_____

Date finished : _____

Rating :

⭐ ⭐ ⭐ ⭐ ⭐

My Review :

....
....
....
....
....
....
....
....
....

What i learned from this book :

....
....
....
....
....
....

Recommendation : Who? Why?

....
....
....
....
....
....

Favorites Quotes :

....
....
....
....
....

Book Title :

*Author:*_____

*Genre :*_____

*Publisher :*_____

Publication date: _____

*Date started :*_____

Date finished : _____

☐ *Paperback*   ☐ *Hardback*   ☐ *E-book*   ☐ *Audiobook*

Rating :

⭐ ⭐ ⭐ ⭐ ⭐

My Review :

....
....
....
....
....
....
....
....
....

What i learned from this book :

....
....
....
....
....
....

Recommendation : Who? Why?

....
....
....
....
....
....

Favorites Quotes :

....
....
....
....
....

Book Title :

*Author:*_____

*Genre :*_____

*Publisher :*_____

*Publication date:*_____

☐ *Paperback*   ☐ *Hardback*   ☐ *E-book*   ☐ *Audiobook*

*Date started :*_____

*Date finished :*_____

Rating :

☆ ☆ ☆ ☆ ☆

My Review :

....
....
....
....
....
....
....
....
....

What i learned from this book :

....
....
....
....
....
....

Recommendation : Who? Why?

....
....
....
....
....
....

Favorites Quotes :

....
....
....
....
....
....

Book Title :

Author:_____

Genre :_____   Date started :_____

Publisher :_____   Date finished : _____

Publication date: _____

☐ Paperback   ☐ Hardback   ☐ E-book   ☐ Audiobook

Rating :

★ ★ ★ ★ ★

My Review :

....
....
....
....
....
....
....
....
....

What i learned from this book :

....
....
....
....
....

Recommendation : Who? Why?

....
....
....
....
....
....

Favorites Quotes :

....
....
....
....
....

Book Title :

Author:_____

Genre :_____

Publisher :_____

Publication date: _____

☐ Paperback   ☐ Hardback   ☐ E-book   ☐ Audiobook

Date started : _____

Date finished : _____

Rating :
★ ★ ★ ★ ★

My Review :

....
....
....
....
....
....
....
....
....

What i learned from this book :

....
....
....
....
....
....

Recommendation : Who? Why?

....
....
....
....
....
....

Favorites Quotes :

....
....
....
....
....

Book Title :

*Author:*_____

*Genre :*_____

*Publisher :*_____

Publication date: _____

☐ *Paperback*　　☐ *Hardback*　　☐ *E-book*　　☐ *Audiobook*

*Date started :*_____

Date finished : _____

Rating :

☆ ☆ ☆ ☆ ☆

My Review :

....
....
....
....
....
....
....
....
....
....

What i learned from this book :

....
....
....
....
....
....

Recommendation : Who? Why?

....
....
....
....
....
....

Favorites Quotes :

....
....
....
....
....

Book Title :

*Author:*_____

*Genre :*_____

*Publisher :*_____

*Publication date:*_____

☐ *Paperback*   ☐ *Hardback*   ☐ *E-book*   ☐ *Audiobook*

*Date started :*_____

Date finished : _____

Rating :
⭐ ⭐ ⭐ ⭐ ⭐

My Review :

....
....
....
....
....
....
....
....
....

Recommendation : Who? Why?

....
....
....
....
....
....

What i learned from this book :

....
....
....
....
....
....

Favorites Quotes :

....
....
....
....
....

Book Title :

*Author:*_____

*Genre :*_____   *Date started :*_____

*Publisher :*_____   *Date finished :* _____

Publication date: _____

☐ *Paperback*   ☐ *Hardback*   ☐ *E-book*   ☐ *Audiobook*

Rating :
☆ ☆ ☆ ☆ ☆

My Review :

....
....
....
....
....
....
....
....
....

What i learned from this book :

....
....
....
....
....
....

Recommendation : Who? Why?

....
....
....
....
....
....

Favorites Quotes :

....
....
....
....
....

Book Title :

Author:_____

Genre :_____

Publisher :_____

Publication date: _____

☐ Paperback   ☐ Hardback   ☐ E-book   ☐ Audiobook

Date started : _____

Date finished : _____

Rating :
★ ★ ★ ★ ★

My Review :

....
....
....
....
....
....
....
....
....

What i learned from this book :

....
....
....
....
....
....

Recommendation : Who? Why?

....
....
....
....
....
....

Favorites Quotes :

....
....
....
....
....

Book Title :

*Author:*_____

*Genre :*_____

*Publisher :*_____

*Publication date:*_____

☐ *Paperback* ☐ *Hardback* ☐ *E-book* ☐ *Audiobook*

*Date started :*_____

*Date finished :*_____

Rating :

⭐ ⭐ ⭐ ⭐ ⭐

My Review :

....
....
....
....
....
....
....
....
....

What i learned from this book :

....
....
....
....
....
....

Recommendation : Who? Why?

....
....
....
....
....
....

Favorites Quotes :

....
....
....
....
....
....

Book Title :

Author:_____

Genre :_____

Publisher :_____

Publication date: _____

Date started :_____

Date finished : _____

☐ Paperback   ☐ Hardback   ☐ E-book   ☐ Audiobook

Rating :
★ ★ ★ ★ ★

My Review :

....
....
....
....
....
....
....
....
....

What i learned from this book :

....
....
....
....
....
....

Recommendation : Who? Why?

....
....
....
....
....
....

Favorites Quotes :

....
....
....
....
....

Book Title :

*Author:*_____

*Genre :*_____

*Publisher :*_____

Publication date: _____

☐ *Paperback*   ☐ *Hardback*   ☐ *E-book*   ☐ *Audiobook*

*Date started :*_____

Date finished : _____

Rating :
⭐ ⭐ ⭐ ⭐ ⭐

My Review :

....
....
....
....
....
....
....
....
....

What i learned from this book :

....
....
....
....
....
....

Recommendation : Who? Why?

....
....
....
....
....
....

Favorites Quotes :

....
....
....
....
....

Book Title :

Author:_____

Genre :_____

Publisher :_____

Publication date: _____

☐ Paperback   ☐ Hardback   ☐ E-book   ☐ Audiobook

Date started : _____

Date finished : _____

Rating :
⭐ ⭐ ⭐ ⭐ ⭐

My Review :

....
....
....
....
....
....
....
....
....

What i learned from this book :

....
....
....
....
....

Recommendation : Who? Why?

....
....
....
....
....
....

Favorites Quotes :

....
....
....
....
....

Book Title :

*Author:*_____

*Genre :*_____

*Publisher :*_____

*Publication date:*_____

☐ *Paperback*   ☐ *Hardback*   ☐ *E-book*   ☐ *Audiobook*

*Date started :*_____

*Date finished :*_____

Rating :

⭐ ⭐ ⭐ ⭐ ⭐

My Review :

....

....

....

....

....

....

....

....

....

What i learned from this book :

....

....

....

....

....

....

Recommendation : Who? Why?

....

....

....

....

....

....

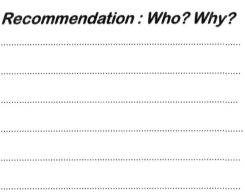

Favorites Quotes :

....

....

....

....

....

Book Title :

*Author:*_____

*Genre :*_____

*Publisher :*_____

*Publication date:*_____

☐ *Paperback*   ☐ *Hardback*   ☐ *E-book*   ☐ *Audiobook*

*Date started :*_____

*Date finished :*_____

Rating :
★ ★ ★ ★ ★

My Review :
....
....
....
....
....
....
....
....
....

What i learned from this book :
....
....
....
....
....
....

Recommendation : Who? Why?
....
....
....
....
....
....

Favorites Quotes :
....
....
....
....
....

Book Title :

*Author:*_____

*Genre :*_____   *Date started :*_____

*Publisher :*_____   *Date finished :* _____

Publication date: _____

☐ *Paperback*   ☐ *Hardback*   ☐ *E-book*   ☐ *Audiobook*

Rating :
★ ★ ★ ★ ★

My Review :

....
....
....
....
....
....
....
....
....

What i learned from this book :

....
....
....
....
....
....

Recommendation : Who? Why?

....
....
....
....
....
....

Favorites Quotes :

....
....
....
....
....

Book Title :

*Author:*_____

*Genre :*_____

*Publisher :*_____

*Publication date:*_____

☐ *Paperback* ☐ *Hardback* ☐ *E-book* ☐ *Audiobook*

*Date started :*_____

*Date finished :*_____

Rating :

☆ ☆ ☆ ☆ ☆

My Review :

....
....
....
....
....
....
....
....
....

What i learned from this book :

....
....
....
....
....
....

Recommendation : Who? Why?

....
....
....
....
....
....

Favorites Quotes :

....
....
....
....
....

Book Title :

Author:_____

Genre :_____

Publisher :_____

Publication date: _____

☐ Paperback　　☐ Hardback　　☐ E-book　　☐ Audiobook

Date started :_____

Date finished : _____

Rating :

☆ ☆ ☆ ☆ ☆

My Review :

....
....
....
....
....
....
....
....
....

What i learned from this book :

....
....
....
....
....
....

Recommendation : Who? Why?

....
....
....
....
....
....

Favorites Quotes :

....
....
....
....
....

Book Title :

*Author:*_____

*Genre :*_____

*Publisher :*_____

*Publication date:*_____

☐ *Paperback*   ☐ *Hardback*   ☐ *E-book*   ☐ *Audiobook*

*Date started :*_____

*Date finished :*_____

Rating :
☆ ☆ ☆ ☆ ☆

My Review :

....
....
....
....
....
....
....
....
....

What i learned from this book :

....
....
....
....
....

Recommendation : Who? Why?

....
....
....
....
....
....

Favorites Quotes :

....
....
....
....
....

Book Title :

*Author:*_____

*Genre :*_____   *Date started :*_____

*Publisher :*_____   *Date finished :* _____

Publication date: _____

☐ *Paperback*   ☐ *Hardback*   ☐ *E-book*   ☐ *Audiobook*

Rating :

⭐ ⭐ ⭐ ⭐ ⭐

My Review :

....
....
....
....
....
....
....
....
....

What i learned from this book :

....
....
....
....
....
....

Recommendation : Who? Why?

....
....
....
....
....
....

Favorites Quotes :

....
....
....
....
....

Book Title :

Author:_____

Genre :_____

Publisher :_____

Publication date: _____

☐ Paperback   ☐ Hardback   ☐ E-book   ☐ Audiobook

Date started : _____

Date finished : _____

Rating :

⭐⭐⭐⭐⭐

My Review :

....
....
....
....
....
....
....
....
....

What i learned from this book :

....
....
....
....
....
....

Recommendation : Who? Why?

....
....
....
....
....
....

Favorites Quotes :

....
....
....
....
....

Book Title :

*Author:*_____

*Genre :*_____

*Publisher :*_____

Publication date: _____

☐ *Paperback* ☐ *Hardback* ☐ *E-book* ☐ *Audiobook*

*Date started :*_____

Date finished : _____

Rating :

☆ ☆ ☆ ☆ ☆

My Review :

....
....
....
....
....
....
....
....
....
....

What i learned from this book :

....
....
....
....
....
....

Recommendation : Who? Why?

....
....
....
....
....
....

Favorites Quotes :

....
....
....
....
....
....

Book Title :

Author:_____

Genre :_____   Date started :_____

Publisher :_____   Date finished :_____

Publication date: _____

☐ Paperback   ☐ Hardback   ☐ E-book   ☐ Audiobook

Rating :

☆ ☆ ☆ ☆ ☆

My Review :

....
....
....
....
....
....
....
....
....

What i learned from this book :

....
....
....
....
....
....
....

Recommendation : Who? Why?

....
....
....
....
....
....

Favorites Quotes :

....
....
....
....
....

Book Title :

Author: _____

Genre : _____

Publisher : _____

Publication date: _____

☐ *Paperback*   ☐ *Hardback*   ☐ *E-book*   ☐ *Audiobook*

Date started : _____

Date finished : _____

Rating :
★ ★ ★ ★ ★

My Review :

....
....
....
....
....
....
....
....
....

What i learned from this book :

....
....
....
....
....
....

Recommendation : Who? Why?

....
....
....
....
....
....

Favorites Quotes :

....
....
....
....
....

Book Title :

*Author:*_____

*Genre :*_____

*Publisher :*_____

*Publication date:*_____

☐ *Paperback*   ☐ *Hardback*   ☐ *E-book*   ☐ *Audiobook*

*Date started :*_____

*Date finished :*_____

Rating :

★ ★ ★ ★ ☆

My Review :

....
....
....
....
....
....
....
....
....

What i learned from this book :

....
....
....
....
....

Recommendation : Who? Why?

....
....
....
....
....
....

Favorites Quotes :

....
....
....
....
....
....

Book Title :

Author:_____

Genre :_____   Date started :_____

Publisher :_____   Date finished : _____

Publication date: _____

☐ Paperback   ☐ Hardback   ☐ E-book   ☐ Audiobook

Rating :
☆ ☆ ☆ ☆ ☆

My Review :

....
....
....
....
....
....
....
....
....

What i learned from this book :

....
....
....
....
....
....

Recommendation : Who? Why?

....
....
....
....
....
....

Favorites Quotes :

....
....
....
....
....
....

Printed in Great Britain
by Amazon